- En cadea

LA VERSION AUDIO I

COMMENT ÇA MARCHE ?

1

Téléchargez l'app

Quelle Histoire

2

Déverrouillez

votre livre

3

Écoutez

votre histoire

Disponible sur App Store — DISPONIBLE SUR Google Play

Application compatible toutes tablettes et smartphones
à partir de iOS 8 et Android 4.4.

- Collection -
THÉMATIQUES

Complétez votre collection sur

www.quellehistoire.com

- Collection -
PERSONNAGES

Complétez votre collection sur

www.quellehistoire.com

Quelle Histoire

Édition et conception : Unique Heritage Editions SAS. 141, boulevard Ney 75018 Paris
Illustrations : Bruno Wennagel, Mathieu Ferret, Aurélien Fernandez, Aurélie Verdon
Textes : Patricia Crété
Edition : Leslie-Fleur Picardat
Direction artistique : Kagna Toung
Maquette : Marie Colas

Siège social : 141, boulevard Ney 75018 Paris

www.quellehistoire.com

Fabriqué par Labelfab / Imprimé en France par Stin Imprimerie - Toulouse

Dépôt légal novembre 2015

Loi n°49-956 du 16 juillet 1949 sur les publications destinées à la jeunesse

PEFC 10-31-2841

FABRIQUÉ EN FRANCE

LES
MAYAS

Le peuple des forêts

C'est entre les années 300 et 900 que se développe en Amérique l'une des plus brillantes civilisations, celle des Mayas, un peuple qui apparaît vers l'an 2600 av. J.-C. Leur territoire s'étend sur une partie du Guatemala, du Mexique et du Honduras, une région tropicale humide que recouvrent de grandes forêts de cèdre et d'acajou. Les grottes, où sont enterrés les morts, et les montagnes sont des lieux sacrés. Les volcans sont la résidence des dieux. Excellents bâtisseurs, les Mayas ont laissé des temples, des palais et des pyramides, aujourd'hui envahis par la végétation.

Les cités-États

Les Mayas n'ont pas de capitale, mais des cités-États comme Tikal, Chichén Itzá, Uxmal, dirigées par un souverain... À Palenque règne Pacal le Grand, l'un des rois dont on a gardé la trace. La société est organisée en trois classes, tout comme chez nous au temps du roi Louis XIV. Il y a les paysans, les artisans, et tout en haut, les grands prêtres et les nobles. La structure des villes est pareille : au centre les palais et les temples, puis les demeures des nobles, et enfin, les maisons des artisans et des paysans.

II

Les temples-pyramides

Les Mayas ne connaissent ni l'outil en métal, ni la poulie, ni l'animal de trait, ni la roue. Et pourtant, ils ont construit de grandes pyramides comme celle du Grand Jaguar à Tikal qui atteint 45 mètres. Une vraie prouesse ! Mais il y en a beaucoup d'autres, avec à leur sommet un temple, que l'on atteint en gravissant l'un des quatre escaliers construits sur chaque côté de la pyramide, comportant chacun 365 marches… comme le nombre de jours de l'année ! Gare à ceux qui ont le vertige !

Les dieux

Ils sont très nombreux, car chacun est représenté sous différents aspects : jeune, vieux, féminin ou masculin. De grandes cérémonies se déroulent régulièrement en leur honneur. C'est alors la fête. Les prêtres, masqués, portent de magnifiques costumes. Les fidèles offrent aux divinités des objets en or, argent ou jade, des coquillages et même des plumes de quetzal, un oiseau très coloré qui ne vit que là-bas. On assiste aussi à des sacrifices d'animaux, parfois d'humains. Et ça, c'est vraiment horrible. Mais ce sont leurs croyances.

Paysans et commerçants

Les paysans cultivent sur brûlis, c'est-à-dire qu'ils brûlent la terre pour que les cendres servent de fertilisant, mais aussi sur des terrasses accrochées à la montagne. Ils connaissent le maïs, tu sais, dont on fait les popcorns, et la tomate, alors inconnus chez nous ; il faudra attendre que Christophe Colomb les rapporte en 1492. Ils pêchent et chassent le cerf, le pécari, le tapir et le singe. Les marchés sont nombreux et les habitants utilisent des graines de cacao et des plumes d'oiseaux comme « monnaie ». C'est plus rigolo que les euros !

Les grands prêtres

Ils dirigent les cités-États, une fonction transmise de père en fils qui demande beaucoup de connaissances. Ils doivent savoir écrire et compter, connaître la médecine et l'astronomie, organiser d'étranges cérémonies en fonction des calendriers, toujours très précis. Pour prédire l'avenir, ils brûlent une résine, le copal (que l'on appelle aussi encens), dans des encensoirs que l'on a retrouvés en grand nombre dans les ruines. Grâce à l'odeur et à la fumée, ils peuvent ainsi entrer en communication avec les dieux. Mais ça fait pleurer, tousser et éternuer !

Les codex

Un codex est un assemblage de feuilles, comme un livre ou un cahier, rédigé dans une écriture encore indéchiffrable, que l'on retrouve aussi gravée sur des stèles ou des bas-reliefs. Les scribes sont les écrivains professionnels au service des rois. Ils utilisent des pinceaux en poils ou en plumes d'animaux, de l'encre noire et rouge, et des écorces de figuier. La presque totalité de ces codex a été détruite par les conquérants européens au XVIe siècle. Seuls quatre ont pu être sauvés, mais en très mauvais état, dont un est conservé à Paris.

Les calendriers

Les Mayas sont de très bons mathématiciens. Ils ont, par exemple, découvert le zéro. Dommage pour ton copain, le dernier de la classe ! Ils connaissent le calendrier de 365 jours, le nôtre, ce qui est incroyable à l'époque. Dans la ville de Copán, des temples ronds devaient servir d'observatoires astronomiques. Les Mayas croient que la Terre est carrée et plate, chacun des angles représentant une couleur : le rouge à l'est, le blanc au nord, le noir à l'ouest, le jaune au sud. Toi, tu sais bien que la Terre est ronde...

Le Pok-ta-Pok

Ce jeu de ballon rituel est pratiqué par deux équipes. Il s'agit d'une version simplifiée du basket-ball, le but étant de faire passer une balle en caoutchouc, la kik de 15 à 20 centimètres de diamètre, à travers deux anneaux de pierre placés au centre du terrain, à 5 mètres de hauteur. Les joueurs peuvent frapper la balle avec les jambes, les hanches, les avant-bras ou les coudes. Le terrain représente l'Univers, la balle le Soleil. Ce sport existe encore au Mexique.

IX

Le déclin

Vers l'an 900, petit à petit, les grandes cités mayas se vident de leur population et disparaissent dans la végétation tropicale jusqu'au XIXe siècle où des explorateurs les découvrent. Comment expliquer l'effondrement de cette civilisation ? Invasions étrangères, guerres civiles, maladies, dérèglements climatiques peut-être ? On ne sait pas vraiment ce qui s'est passé. Aujourd'hui, les Mayas sont 3 millions, au Mexique, au Guatemala et au Belize. Ils parlent la langue, conservent les traditions, comme le Pok-ta-Pok, et vivent de l'agriculture.

3114 av. J.-C.
Pour les Mayas, c'est la date de la création du monde et donc le début de leur calendrier.

3120 av. J.-C.

2600 av. J.-C.
Apparition des premiers Mayas.

300 av. J.-C.
Apparition de l'écriture Maya.

200
Développement de la culture maya classique.

292
Première stèle datée connue, à Tikal.

427
Kuk Mo, premier roi de Copán.

431
Début de la dynastie de Palenque.

465
Stèle dat
à Copán

600
Tikal devient la première grande ville maya.

683
Mort de l'empereur Pacal de Palenque.

711
Stèle gravée du temple du Grand Jaguar, à Tikal.

738
Mort de K'awill, dit 18-Lapin, roi de Copán.

750
Vase aux 7 dieux retrouvé à Copán.

899
Abandon de Tikal.

900
Déclin de la civilisation.

1000

? *Dans ce livre sont représentées des dates suivies du petit texte « av. J.-C. », cela signifie que les dates où se déroulent les événements sont « avant Jésus-Christ », c'est-à-dire avant la naissance de Jésus-Christ qui représente l'année 1 du calendrier tel que nous le connaissons aujourd'hui. Ce calendrier s'appelle le calendrier grégorien.*

L'Empire maya
1
2
3
4
5
6

Légende de LA CARTE

1 Chichén Itzá (Mexique)

Cette cité de la péninsule du Yucatán offre de magnifiques édifices, dont la grande pyramide de Kukulcán (aussi appelée El Castillo par les conquistadors), l'observatoire d'où les Mayas observaient les étoiles, le temple des guerriers et le célèbre terrain de jeu de balle.

2 Izamal (Mexique)

Ce site du Yucatán était dédié au dieu des sciences et de l'écriture. Peu de fouilles y ont été effectuées, mais on peut y admirer une grande pyramide dédiée au dieu Soleil et un vaste ensemble, l'acropole, où s'élevaient temples et palais.

3 Uxmal (Mexique)

Haut lieu touristique, la ville présente l'un des rares centres cérémoniels mayas conservés dans sa totalité. Parmi les plus beaux monuments : le palais du Gouverneur, la pyramide du Devin ou la maison des Tortues.

4 Palenque (Mexique).

La cité est l'une des plus riches en vestiges archéologiques avec ses nombreux temples dont le temple des Inscriptions et son sarcophage au masque de jade. Et surtout, le Palais, un ensemble de bâtiments, un aqueduc et un observatoire astronomique.

5 Tikal (Guatemala)

Ce grand site archéologique est inscrit au patrimoine mondial de l'Unesco. La cité-État, souvent en guerre contre ses voisins, réserve des surprises : sept cours de jeu de balle, palais, pyramides, monuments gravés et même une prison.

6 Copán (Honduras)

Le site, situé en pleine jungle, est au VIIe siècle l'un des plus puissants de la région. Parmi les vestiges à découvrir, les sept stèles représentant le roi K'awill, surnommé 18-Lapin. La ville est classée patrimoine mondial de l'Unesco.

LES DIEUX

• ITZAMNA •

Dieu du ciel

• CHAC •

Dieu de la pluie

• YUM KAAX •

Dieu de l'agriculture

LES DIEUX

• EK CHUAH •

Dieu de la prospérité et des marchands

• AH PUCH •

Dieu de la mort

• XAMAN EK •

Dieu de l'étoile Polaire

Pacal le Grand

(603-683)

Son vrai nom est K'inich Janaab'Pakal, qui signifie « Grand Soleil ». Il monte sur le trône de Palenque tout jeune et règne jusqu'à sa mort, à l'âge de 80 ans. Il est enterré dans le temple des Inscriptions.

K'awill, dit 18-Lapin

(695-738)

Treizième roi de Copán, il est représenté sur plusieurs stèles : portant une coiffe de grandes nattes tissées ; sous les traits du dieu de l'agriculture en train de danser ; ou bien encore en joueur de Pok-ta-Pok.

Frederick Catherwood

(1799-1854)

Cet illustrateur et architecte britannique commence en novembre 1839 l'exploration de Copán. Il se rend aussi à Palenque et à Uxmal, faisant les tout premiers dessins des monuments qu'il fait connaître au monde entier.

Désiré Charnay

(1828-1915)

Archéologue, explorateur et photographe français, il décide à l'âge de 23 ans de faire le tour du monde « pour en recueillir un album photographique ». Il est le premier à photographier, en 1859, les sites mayas de Chichén Itzá.

Le Jeu des

7 ERREURS

Trouve les 7 différences entre l'image de gauche et l'image de droite.

Solution : l'oiseau ; le sabre ; le casque ; la plante au premier plan ; la liane ; la plante au second plan ; le temple.

Le Jeu du

LABYRINTHE

Aide Désiré Charnay à trouver le chemin du temple.

Solution : le bon chemin est le numéro 5.

Le Jeu des OMBRES

Retrouve la bonne ombre du danseur.

Bonne réponse : l'ombre e.

Le Jeu du

QUIZ

1. Quelle est la hauteur de la pyramide du Grand Jaguar à Tikal ?

a. 30 mètres

b. 35 mètres

c. 40 mètres

d. 45 mètres

2. Le jeu du Pok-ta-Pok est une version simplifiée du...

a. Basket-ball

b. Volley-ball

c. Football

d. Rugby

3. Où peut-on visiter la maison des Tortues ?

a. À Chichén Itzá

b. À Izamal

c. À Uxmal

d. À Tikal

Bonnes réponses : 1.d / 2.a / 3.c.